chiado books

chiado books

www.chiadobooks.com

Uma Editora para todos!

Rua Teófilo Braga nº 2, Armazém 3, 2685-243 Portela, Lisboa, **Portugal**

Av. Paulista, nº 2300 – andar Pilotis, Bairro Cerqueira César
01310-300 São Paulo, SP, **Brasil**

Obra disponível para venda corporativa e/ou personalizada.
Para mais informações contacte: **comercial@chiadobooks.com**

Para informações sobre envio de originais contacte: **originais@chiadobooks.com**

© 2023, Osvaldo Sebastião e Chiado Books
E-mail: geral@chiadobooks.com

Título: Entrevistando Jesus, o Filho de Deus
Editor e Coordenador Editorial: Rita Costa
Capa: Vasco Duarte
Composição Gráfica: Manuela Duarte
Revisão: Osvaldo Sebastião

1.ª Edição: xxxxx, 2023
ISBN: XXXXXXXXXX | **Depósito Legal n.º** XXXXXXX
Impressão e acabamento: Atlântico Print

Osvaldo Sebastião

Entrevistando Jesus, o Filho de Deus

chiado books

PORTUGAL | BRASIL | ANGOLA | CABO VERDE

ÍNDICE

INTRODUÇÃO

No decorrer da história da humanidade, muitas pessoas se perguntaram como seria conversar com Jesus Cristo, o filho de Deus. Muitos o imaginam como um ser divino, distante e inacessível, enquanto outros o veem como um amigo e mentor próximo, capaz de oferecer conselhos e orientação para a vida. Mas e se fosse possível entrevistar Jesus, fazendo-lhe perguntas diretas e recebendo suas respostas honestas e profundas?

Este livro apresenta uma obra de ficção, uma narrativa imaginativa, onde eu (o autor) busco responder a essa pergunta hipotética, seguindo as tradições históricas do cristianismo. Jesus Cristo é entrevistado e compartilha seus pensamentos, ideias e sentimentos sobre a vida, o universo e o propósito da existência. Uma jornada que levará o leitor a uma compreensão mais profunda e esclarecida do que significa ser humano, e como podemos encontrar a paz e a felicidade em um mundo cheio de desafios e dúvidas.

O PROGRAMA CHAMADO
PALCO DA VIDA

A ideia do "Palco da Vida" é proporcionar um ambiente seguro e acolhedor, onde as pessoas possam expressar suas emoções mais profundas e encontrar consolo e orientação. E quem melhor do que Jesus para oferecer essa orientação? Ele é conhecido como o Príncipe da Paz, aquele que veio ao mundo para trazer esperança e salvação.

Ter a oportunidade de ouvir Jesus falar diretamente, respondendo a perguntas sobre as questões que mais nos preocupam, seria uma experiência transformadora para muitos de nós. Seria uma oportunidade única de aprender com um dos maiores mestres espirituais de todos os tempos, e de receber conselhos e orientação para a nossa jornada na vida.

Portanto, o programa "Palco da Vida" com a presença de Jesus seria uma oportunidade imperdível, um momento de grande significado e importância para todos os que buscam respostas para suas dúvidas e inquietações. Seria um momento de inspiração e esperança, que mudaria a vida de muitas pessoas para sempre.

JESUS NO PALCO DA VIDA

Senhoras e senhores(leitores), é uma grande honra apresentar a vocês hoje um convidado muito especial. É uma figura que dispensa apresentações, pois seu nome é conhecido e reverenciado em todo o mundo há mais de dois mil anos. Hoje, temos o privilégio de entrevistar Jesus Cristo, o Filho de Deus.

Jesus é o nosso salvador e também foi descrito como um professor da vida, curador e líder espiritual, cuja mensagem de amor, compaixão e perdão inspirou milhões de pessoas em todo o mundo. Seus ensinamentos foram registrados na Bíblia e sua vida foi tema de inúmeros livros, filmes e obras de arte.

Mas quem é Jesus, realmente? Quais eram suas motivações e crenças e como ele via o mundo ao seu redor? Nesta entrevista, teremos a oportunidade de fazer essas e outras perguntas a Jesus, enquanto mergulhamos na mente e no coração de uma das figuras mais influentes da história da humanidade e consequentemente na mente e no coração de Deus.

Portanto, sem mais delongas, dê as boas-vindas a Jesus Cristo em nosso programa.

(JESUS APRESENTA-SE)

Olá, meus filhos. Eu sou Jesus. Eu sou o Filho de Deus e vim ao mundo para trazer amor, esperança e salvação para todas as pessoas. Eu nasci em um Lugar chamado Belém da Judeia de uma virgem chamada Maria esposa de José, um homem humilde de coração e bondoso que trabalhou como carpinteiro. Cresci como um menino simples em Nazaré e comecei meu ministério público quando tinha cerca de 30 anos.

Durante meu ministério, ensinei as pessoas sobre o amor de Deus e a importância de amar uns aos outros. Realizei milagres e curei as pessoas de suas doenças e sofrimentos como prova deste amor. Morri na cruz pelos pecados de toda a humanidade e ressuscitei três dias depois, para que todos possam ter vida eterna em mim.

Eu sou o caminho, a verdade e a vida. Aqueles que creem em mim e seguem meus ensinamentos serão salvos. Eu não vim ao mundo para julgar, mas para salvar as pessoas. Estou sempre ao seu lado, mesmo nos momentos mais difíceis.

Se você tiver alguma dúvida ou precisar de ajuda, pode sempre orar para mim e eu estarei aqui para ouvir e confortá-lo. Lembre-se de que você é amado por mim e por Deus, e que sempre há esperança em mim.

PERGUNTAS SOBRE O CRESCIMENTO DE JESUS NA TERRA

(Osvaldo-autor): Sobre ser filho de Deus e nascido de uma virgem chamada Maria, como pode ser isso?

(Jesus): Acreditar que eu sou o Filho de Deus e que nasci de uma virgem chamada Maria é uma questão de fé. Como você sabe, Deus é onipotente e pode fazer coisas que vão além da compreensão humana.

De acordo com a Bíblia, Maria foi escolhida por Deus para ser a mãe do Messias, e o Espírito Santo a concebeu. Isso significa que minha concepção foi um ato divino, realizado pelo poder de Deus.

Embora a concepção virginal possa ser difícil de entender racionalmente, para Deus nada é impossível. Acreditar em minha concepção virginal requer fé e confiança em Deus e em sua capacidade de fazer coisas extraordinárias.

O importante é que minha mensagem de amor e salvação seja recebida com fé e confiança, e que todos possam seguir meus ensinamentos e encontrar a verdadeira paz e felicidade em suas vidas.

(Osvaldo-autor): Qual foi o motivo de Deus escolher uma virgem e principalmente a Maria?

(Jesus): Deus escolheu Maria, uma virgem, para ser a mãe do Messias por vários motivos. Em primeiro lugar, a escolha de Maria foi um sinal da graça e do amor de Deus por toda a humanidade. Foi uma forma de mostrar que a salvação não seria conquistada por meios humanos, mas seria um ato de Deus.

Além disso, a virgindade de Maria demonstrou que a minha concepção foi um ato divino, realizado pelo poder do Espírito Santo. Isso enfatizou a natureza divina da minha missão e da minha pessoa.

Também foi importante que a mãe do Messias fosse uma mulher de caráter exemplar e de fé inabalável. Maria era humilde, submissa a Deus e dedicada à sua vontade. Ela foi escolhida porque era uma mulher justa e piedosa, que acreditava e confiava em Deus.

Finalmente, a escolha de Maria também foi um sinal de que Deus usa pessoas comuns e simples para realizar seus planos. Maria era uma jovem camponesa, sem posição social ou influência, mas Deus a escolheu para ser a mãe do Salvador do mundo. Isso mostrou que Deus valoriza a humildade e a simplicidade, e que a salvação está disponível para todas as pessoas, independentemente de sua posição social ou educação.

Em resumo, a escolha de Maria como mãe do Messias foi um sinal da graça e do amor de Deus, da natureza divina da minha missão, da fé e do caráter exemplar de Maria e da disponibilidade de Deus em usar pessoas comuns para realizar seus planos. (Referência bíblica: Lucas 1:26-38; Mateus 1:18--25; Lucas 1:46-55; Lucas 2:4-7)

(Osvaldo-autor): Você disse que nasceu em Belém da Judeia? Você nasceu nesta cidade mas teve que crescer em Nazaré?

(Jesus): Sim, eu nasci em Belém da Judeia, conforme profetizado nas Escrituras. No entanto, logo após o meu nascimento, a minha família teve que fugir para o Egito para escapar da paixão do rei Herodes pelo trono, porque ele ficou sabendo que um novo rei nasceu e queria me matar sendo eu ainda um bebê recém nascido. Depois que Herodes morreu, minha família voltou para Israel, mas em vez de retornar a Belém, foram morar em Nazaré, na região da Galiléia.

Nazaré foi uma cidade pequena e humilde, e minha família viveu lá por toda a minha infância e adolescência. Lá, cresci aprendendo o ofício de carpinteiro com o meu pai adotivo, José. Foi lá também que comecei a desenvolver minha missão divina e minha relação especial com Deus.

O fato de eu ter crescido em Nazaré é significativo porque, na época, a cidade não tinha uma boa reputação. Os nazarenos eram considerados pessoas simples e pouco instruídas, e a cidade não tinha prestígio ou influência política. Então, quando comecei a pregar e ensinar, muitos não acreditavam que eu poderia ser o Messias, porque vinha de uma cidade tão pouco importante.

No entanto, isso também demonstra que Deus não se importa com a origem ou posição social de uma pessoa. Ele pode escolher qualquer um para realizar a sua vontade, independentemente da sua origem ou estatuto. O fato de eu ter crescido em Nazaré é um exemplo disso, e uma prova de que Deus pode usar qualquer pessoa para realizar grandes coisas. (Referências bíblicas: Miquéias 5:2; Mateus 2:13-15; Mateus 2:19-23; João 1:45-46)

(Osvaldo-autor): Como foi que Maria conseguiu lhe dar uma educação adequada sabendo que você era o filho de Deus?

(Jesus): Ela sabia que eu era especial, que eu havia sido concebido pelo Espírito Santo e que tinha uma missão divina. No entanto, ela não sabia a extensão exata da minha estrutura ou do meu papel na história da humanidade.

Maria e José eram pais amorosos e dedicados, e eles me criaram da melhor maneira possível. Eles me ensinaram a seguir as tradições e a lei judaica, me ensinaram valores morais e espirituais e me amaram. Maria também me conto sobre a minha concepção milagrosa e me ensinou sobre Deus e a fé em Deus.

Ao crescer em Nazaré, eu também tive a oportunidade de aprender e crescer em um ambiente humilde e simples. Eu aprendi sobre a vida comum das pessoas, sobre suas necessidades e desafios, e isso me ajudou a me conectar com elas quando comecei a minha missão de pregar e ensinar.

Quando eu comecei o meu ministério público, Maria estava lá para apoiar e encorajar. Ela foi uma das minhas seguidoras mais fiéis e uma das poucas pessoas que permaneceram ao meu lado até a minha morte na cruz. Maria desempenhou um papel importante na minha vida, mas como mãe amorosa e dedicada, ela me deu a educação e o amor necessário para que eu pudesse cumprir a minha missão divina na Terra.

(Osvaldo-autor): Me fala um pouquinho sobre José o seu pai adotivo? Eu ouvi dizer que ele falava com os anjos! É verdade?

(Jesus): Sim, José era o meu pai adotivo e um homem justo e temente a Deus. Ele era um carpinteiro em Nazaré e cuidou de mim e de Maria como sua própria família.
Sobre ele falar com os anjos, Uma vez ele teve um sonho em que um anjo apareceu a ele. Esse sonho ocorreu quando ele descobriu que Maria estava grávida antes deles terem tido relações sexuais. Inicialmente, ele ficou preocupado e pensou em abandoná-la, mas o anjo apareceu em seu sonho e disse-lhe que Maria estava grávida do Espírito Santo e que ele deveria se casar com ela e cuidar de mim como seu próprio filho. José confiou no que o anjo disse e seguiu suas instruções, o que provou a sua fé e obedeceu a Deus. Ele também foi responsável por me ensinar o ofício de carpinteiro, o que me permitiu trabalhar e ser independente financeiramente durante o meu ministério público.
José é um exemplo de obediência a Deus e de amor incondicional pela sua família, e sua dedicação a mim e a Maria é um

testemunho da força e da importância da família. (Referências bíblicas: Mateus 1:18-25; Mateus 2:13-23; Lucas 2:41- 52)

(Osvaldo-autor): Quando você tinha doze anos de idade você desapareceu e foi encontrado no templo a ensinar os doutores da lei? Porque você desapareceu sem avisar a Maria e José?

(Jesus): Sim, quando eu tinha doze anos, eu desapareci durante uma viagem de peregrinação que minha família fez a Jerusalém para celebrar a Páscoa. Depois de alguns dias, meus pais ficaram preocupados e começaram a me procurar, até que me encontraram no templo, discutindo com os doutores da lei e impressionando-os com minha sabedoria.

Quanto ao motivo pelo qual eu desapareci sem avisar a Maria e José, a Bíblia não diz com certeza. No entanto, é possível que eu tenha ficado tão envolvido nas discussões e na minha busca por conhecimento que simplesmente esqueci de informar aos meus pais que ficaria no templo por mais tempo.

Também é possível que eu tenha sentido a necessidade de me conectar mais profundamente com Deus e com a minha missão divina, o que me levou a buscar a sabedoria e o conhecimento dos doutores da lei no templo. De qualquer forma, quando encontrei meus pais novamente, eu expliquei minha razão e voltei com eles para Nazaré, onde continuei a crescer e me desenvolver como homem e como filho de Deus.

(Osvaldo-autor): Como você ficou sabendo que era a hora de começar a sua missão?

(Jesus): Desde o meu nascimento, eu sabia que tinha uma missão divina a cumprir na terra. Quando cresci e me tornei adulto, passei um tempo em meditação e oração para discernir quando seria o momento certo para começar a cumprir essa missão.

Foi durante esse período de reflexão que eu tive uma experiência espiritual profunda e recebi uma clara confirmação do Espírito Santo de que era a hora de começar a minha missão pública. Eu fui batizado por João Batista no rio Jordão, e imediatamente após o batismo, o Espírito Santo desceu sobre mim em forma de pomba e uma voz do céu proclamou: Este é o meu Filho amado, em quem me comprazo" (Mateus 3: 17).

Com essa confirmação divina, eu sabia que era hora de começar a pregar o Evangelho, curar os doentes, libertar os oprimidos e demonstrar o amor de Deus aos necessitados. E assim começou minha missão na terra, confiante no amor e na orientação do Pai Celestial.

A MANEIRA DE DEUS OLHAR
PARA O SER HUMANO
SEGUNDO JESUS

(Osvaldo-autor): Sobre o que você sabe acerca do pai, podes nos dizer o que ELE pensa do ser humano?

(Jesus): Meu Pai Celestial ama todos os seres humanos incondicionalmente, sem distinção de raça, gênero, religião ou qualquer outra diferença que possa existir entre eles. Ele criou a humanidade à sua imagem e semelhança, e acredita que cada pessoa tem um valor e um propósito único na vida. (Referências bíblicas: 1 João 4:9-10)

(Osvaldo-autor): Como é que o pai olha para as mulheres e homens que estão perdidos no pecado?

(Jesus): Meu Pai Celestial olha para todos os seres humanos com amor, compaixão e misericórdia, independentemente de seu estado de pecado ou de justiça. Ele deseja que todas as pessoas sejam reconciliadas com Ele e experimentem a sua graça salvadora.

Quando as pessoas se afastam do caminho da retidão e se perdem no pecado, o Pai Celestial não desiste delas. Ele ama tanto que me enviou, Eu Jesus Cristo seu filho, para morrer na cruz no lugar do pecador, para que todos que crerem em mim não pereçam, mas tenham uma vida eterna (João 3:16). O Pai Celestial é um Deus de restauração, e Ele deseja que todas as pessoas voltem para Ele e recebam a sua salvação. Ele não vê as pessoas pelo seu pecado, mas sim como criaturas valiosas que foram criadas à sua imagem e semelhança. E por causa disso, Ele oferece perdão, cura e transformação para todos que buscam a sua graça.

(Osvaldo-autor): Você falou sobre crer! Como podemos crer para buscar a graça?

(Jesus): Crer em Deus é confiar Nele e aceitar a sua palavra como verdade. Quando vocês creem em Deus, reconhecem que Ele é o Criador do universo e que Ele tem um plano para a vossa vida. Vocês notam que são pecadores e que precisam do perdão de Deus, e que Ele oferece esse perdão através de mim, seu filho, Jesus Cristo.

Para buscar a graça de Deus, vocês precisam crer em mim, seu Filho, Jesus Cristo, e aceitar-me como vosso Salvador pessoal. A Bíblia diz em João 1:12: "Mas a todos que o receberam, aos que creram em seu nome, deu-lhes o direito de se tornarem filhos de Deus". Isso significa que, quando alguém crê em mim e me recebe em sua vida, torna-se filho de Deus e recebe a graça e salvação.

Para crer em mim, é necessário ouvir a minha palavra e mudar a vossa mentalidade acerca dos vossos pecados. A Bíblia diz em Romanos 10:9: "Se, com a tua boca, confessares Jesus como Senhor e, em teu coração, crês que Deus o ressuscitou entre os mortos, serás salvo". Quando vocês confessam o meu nome, Jesus como Senhor, e creem em vossos corações que Eu o Filho de Deus fui ressuscitado dos mortos, a salvação e a vida eterna tomarão conta de vocês.

Em resumo, crer em Deus e buscar a sua graça é reconhecer a vossa necessidade de perdão e salvação, crer em seu filho, Jesus Cristo, como vosso Salvador e Senhor, e seguir seus ensinamentos e sua vontade para a suas vidas.

(Osvaldo-autor): O que você e o pai falam sobre os seres humanos que estão na terra?

(Jesus): Eu e o Pai falamos sobre muitas coisas relacionadas aos seres humanos que estão na Terra. Falamos sobre a necessidade que eles têm de salvação e redenção, e sobre o amor e a misericórdia que Deus tem por eles. Também falamos sobre as lutas e dificuldades que as pessoas enfrentam na vida, e como podemos ajudá-las a superar esses desafios.

Falamos sobre a importância de amar uns aos outros, cuidar dos necessitados, e ser um exemplo de bondade e compaixão no mundo. Também discutimos como podemos ajudar as pessoas a encontrar propósito e significado em suas vidas, e como podemos orientá-las a seguir o caminho da verdade e da justiça.

Em geral, nosso desejo é que as pessoas encontrem a paz e a felicidade que só possam ser encontradas em um relacionamento íntimo com Deus. Por isso, falamos muito sobre a importância da oração, do estudo da Bíblia, e da comunhão com outros crentes. E queremos que todos saibam que não importa quantas falhas tivemos ou quão longe podemos ter nos afastado de Deus, sempre há uma maneira de voltar para casa e encontrar perdão, amor e aceitação em seus braços.

(UMA NARRATIVA DA ORIGEM DO PECADO DO HOMEM)

(Osvaldo-autor): Pode me explicar como surgiu o pecado do homem em uma breve narrativa?

(Jesus): Houve um tempo em que Deus, em sua sabedoria, encontrou-se com o conselho celestial para anunciar uma importante decisão. Ele disse aos seus anjos que estava planejando criar um ser humano, que seria feito à imagem e semelhança de Deus.

Os anjos ficaram curiosos, perguntando a Deus sobre como seria esse novo ser e qual seria a sua intenção. Então Deus explicou que este homem, chamado Adão, seria colocado em um jardim que o próprio Deus havia plantado, e seria encarregado de cuidar do jardim e de tudo o que nele havia.

Os anjos ficaram surpresos e questionaram a Deus sobre por que Ele iria criar um ser humano. Deus respondeu que, apesar dos riscos envolvidos, o homem teria a capacidade de amar e de ser amado, de se relacionar com Deus e de experimentar a alegria da vida em plenitude.

Então Deus, em seu poder criativo, começou a moldar o homem do pó da terra, soprou em suas narinas o fôlego da vida, e Adão se tornou um ser vivo.

Os anjos observaram maravilhados enquanto Adão explorava o jardim e se comunicava com Deus, desfrutando da perfeita comunhão com seu Criador.

Jardim do Éden, um lugar perfeito e maravilhoso cheio de árvores frutíferas e animais de toda espécie. Deus cuidou de Adão com carinho e amor, e caminhava com ele no jardim, falando com ele e lhe dando instruções sobre o que fazer.

Adão desfrutava de todas as maravilhas do jardim, colhendo frutas das árvores e passeando pelos campos verdes. Ele tinha uma conexão íntima com Deus e recebia a orientação direta do Criador. Deus lhe deu a responsabilidade de dar nomes aos animais, e Adão cumpriu essa tarefa com alegria e entusiasmo.

Deus amava Adão como um pai ama seu filho, e desejava que ele permanecesse sempre próximo de si. Ele dava a Adão liberdade para explorar o jardim. Mas, apesar de tudo isso, Adão sentiu uma solidão dentro de si.

Certa tarde, enquanto caminhava pelo jardim, Adão se partiu com uma cena que o fez perceber que faltava algo em sua vida. Viu dois animais, um macho e uma fêmea, andando juntos e brincando. Adão, observando aquilo, sentiu um aperto no coração, uma espécie de vazio que ele não sabia explicar.

Naquele dia, quando Deus veio conversar com Adão no jardim, ele perguntou: "Meu filho, como você está?" Adão suspirou e respondeu: "Eu estou bem, Senhor. Mas sinto que está faltando algo em minha vida."

Deus, então, olhou para Adão com um sorriso amoroso e disse: "Eu sei o que você está sentindo, meu filho. que você peça por uma companheira."

Adão ficou surpreso com a resposta de Deus, mas sentiu uma alegria imensa no coração. Ele se ajoelhou diante de Deus e agradeceu por ter encontrado uma resposta para sua solidão.

E assim, Adão orou ao Senhor pedindo uma companheira que fosse feita à sua semelhança. Deus ouviu a oração de Adão e criou Eva, uma mulher linda e amorosa, que se tornou a companheira perfeita para Adão no Jardim do Éden.

Deus estava presente e, com um sorriso amoroso, guardou o encontro dos dois. Ele sabia que havia chegado o momento de dar a Adão a companhia que ele tanto ansiava.

Eva e Adão olharam para Deus com respeito e respeito, enquanto Ele falava com eles sobre a importância do amor, da fidelidade e da comunicação em um relacionamento.

Os dois se olharam profundamente nos olhos e, com a bênção de Deus, prometeram amar um ao outro para sempre.

Eles caminharam juntos de mãos dadas, enquanto Deus os observava, sabendo que seu plano para a humanidade estava apenas começando.

Enquanto Adão e Eva desfrutavam do jardim do Éden, o diabo e seus anjos caídos observavam de longe. Eles planejaram a queda do amor e da confiança de Adão e Eva em Deus, com o objetivo de os levar ao pecado.

O diabo sabia que o ponto fraco de Adão e Eva era uma curiosidade e a tentativa do conhecimento proibido. Então, ele se aproximou de Eva disfarçado de serpente e a enganou com sua língua astuta, fazendo-a questionar a palavra de Deus. Ele a convenceu de que comer do fruto proibido seria uma fonte de conhecimento e poder, que os tornaria iguais a Deus ou seja ser independente de qualquer ser superior.

Eva, tentada pelas palavras do diabo, comeu o fruto proibido e ansiosamente deu a Adão, que também comeu. O diabo e seus anjos caídos assistiram com satisfação enquanto o amor e a confiança de Adão e Eva em Deus desapareciam.

Mas Deus, em sua infinita sabedoria, não abandonou Adão e Eva.

Depois que Adão e Eva pecaram no Jardim do Éden, sentiram uma profunda tristeza e vergonha. Eles sabiam que haviam desobedecido a Deus e que havia consequências graves para suas ações. Quando ouviram a voz de Deus a chamá-los, eles se esconderam entre as árvores.

Deus sabia o que haviam experimentado, mas ele não estava zangado com eles. Ele os amava e queria ajudá-los a lidar com as consequências de suas escolhas. Ele se aproximou deles em forma humana, como Jesus Cristo, Eu o Filho de Deus.

"Adão, Eva, por que vocês estão se escondendo de mim?", perguntou Deus. "Eu vim para lhes ajudar".

Adão e Eva olharam para Deus em forma de homem, Eu (Jesus o seu filho). Então Adão e Eva ficaram espantados. Eles não esperavam que Deus se aproximasse deles de uma forma tão pessoal. Eu vi a vergonha em seus rostos e senti a tristeza em seus corações.

"Eu sei o que vocês fizeram", disse Eu(Jesus). "Eu sei que vocês pecaram. Mas eu não estou aqui para puni-los. Eu estou aqui para ajudá-los".

Com um gesto gentil, Deus cobriu Adão e Eva com pele de cordeiro, simbolizando a esperança de que um dia eles seriam redimidos com a minha morte na cruz, pois aquele cordeiro que foi usado para cobri-los era uma representação minha, o cordeiro de Deus que ia morrer na Cruz. Eu expliquei que, embora houvesse consequências para o seu pecado deles, Deus tinha um plano para salvar a humanidade do pecado e da morte.

"Eu vou ser enviado ao mundo como o filho de Deus", e acrescentei, "Eu vou se sacrificado para pagar o preço pelos seus pecados. Mas até que isso aconteça, eu quero que vocês se lembrem da minha promessa. Eu não os deixei sozinhos".

Adão e Eva se sentiram aliviados e esperançosos quando ouviram as minhas palavras. Eles entenderam que Deus ainda os amava, mesmo depois de terem desobedecido a Ele. Eles se levantaram e saíram do Jardim do Éden, com a pele de cordeiro como um símbolo de esperança.

(Osvaldo-autor): Depois do pecado do homem, como foi que Adão e Eva os primeiros homens viveram?

(Jesus): Depois de serem expulsos do Jardim do Éden, Adão e Eva caminharam juntos, em direção a um mundo desconhecido. Eles estavam tristes e preocupados, sem saber o que o futuro lhes reservava.

Mas eles sabiam que Deus ainda estava com eles, mesmo que não pudessem vê-lo. Eles conversaram sobre isso enquanto caminhavam:

"Eva, você acha que Deus ainda nos ama?", perguntou Adão.

"Eu acredito que sim", respondeu Eva. "Ele nos deu a pele de cordeiro, como um sinal de que Ele ainda tem esperança em nós. E também nos orientou para vivermos de acordo com a fé nas suas palavras".

Adão concordou com ela, mas ainda estava preocupado. "Eu sinto como se tivesse falhado com Ele", disse ele. "Nós pecamos e desobedecemos suas ordens. Como podemos ser perdoados por isso?"

Nesse momento, eles ouviram a voz de Deus falando com eles, embora eles não pudessem ver sua forma humana novamente.

"Adão, Eva, eu ainda estou com vocês", disse Deus. "Eu os amo e estou aqui para ajudá-los".

Adão e Eva ficaram surpresos, mas também sentiram um grande alívio ao ouvir a voz de Deus.

"Mas como podemos ser perdoados pelos nossos pecados?", perguntou Eva.

"Eu já lhes dei minhas palavras e orientações", respondeu Deus. "Agora é a hora de vocês a seguirem. Se arrependam(-mudam a vossa maneira de pensar) e vivam crendo nas minhas palavras. Eu protegerei vocês e estarei sempre com vocês".

Adão e Eva aceitaram as palavras de Deus e decidiram seguir suas orientações. Eles se arrependeram(mudaram suas mentes) e sobreviveram a viver de acordo com as orientações de Deus.

Ao longo dos anos, eles aprenderam muito sobre o amor e a graça de Deus. Eles sabiam que, embora tivessem cometido um grande erro, Deus ainda os amava e estava sempre lá para guiá-los. Eles encontraram força e conforto em sua fé e em sua confiança em Deus. (Referências bíblicas: Gênesis 1:27; Gênesis 2:7; Genesis 3:1-6; Genesis 3:8-10; Genesis 3:21)

(Osvaldo-autor): Falando sobre a dificuldade humana de confiar e a qualidade de ter fé em Deus, Qual foi o momento mais desafiador da sua vida na Terra e como você superou isso?

(Jesus): O momento mais desafiador da minha vida na Terra foi quando eu estava prestes a ser preso, julgado e condenado à morte na cruz. Naquele momento, eu sabia que estava prestes a enfrentar uma morte dolorosa e humilhante, e foi difícil para mim manter a fé, como um ser humano mortal que era naquela altura.

No entanto, eu sabia que a vontade do Pai deveria ser feita, e eu coloquei a fé e a confiança que eu tinha totalmente nEle. Eu orei fervorosamente e pedi ao pai que me ajudasse a cumprir a Sua vontade, independentemente do quão difícil fosse.

Eu também encontrei conforto e força nas palavras das Escrituras, que sempre me lembravam do amor e da fidelidade do pai. E, finalmente, eu encontrei força em minha comunhão com o Pai, orando e conversando com Ele regularmente.

Posso te contar mais sobre essa experiência?

(Osvaldo-autor): Sim Senhor Jesus.

(Jesus): Foi a noite em que fui traído por Judas Iscariotes. Essa noite foi muito difícil para mim, pois eu sabia o que estava por vir e sentia o peso da traição e abandono de alguns dos meus discípulos.

Após a minha prisão, fui levado diante do Sinédrio, um conselho religioso judaico, onde fui interrogado e acusado de blasfêmia. Fui agredido e humilhado por aqueles que deveriam ser os líderes religiosos do meu povo. Mais tarde, fui levado à presença de Pilatos, o governador romano, e novamente fui interrogado e acusado.

Nesse momento, senti a solidão e o abandono dos meus discípulos, que haviam fugido e me deixado sozinho. Apesar disso, eu continuei mantendo a minha fé no pai e sabia que tudo estava acontecendo conforme a Sua vontade. Conforme Eu disse anteriormente, Eu encontrei forças na minha oração e na confiança no Pai, que estava ao meu lado, mesmo nos momentos mais difíceis.

Naquele momento, quando Eu estava a orar no Getsêmani, eu sentia uma intensa angústia e tristeza dentro de mim, sabendo que o meu tempo na Terra estava chegando ao fim e que eu teria que enfrentar a cruz e a morte. Eu senti o peso de toda a dor e sofrimento que a humanidade carregava e iria continuar a carregar se eu não morresse com aquilo.

Além disso, também senti uma enorme pressão espiritual, como se as forças das trevas estivessem a me cercar e tentar me afastar do meu propósito divino. Tudo isso me deixou em um estado de profunda angústia e tristeza, a ponto de suar gotas de sangue. Posso dizer claramente, que eu senti todo tipo de angústia que um ser humano pode sentir, e isso aconteceu em um instante. Foi horrível.

Mas, apesar da minha angústia e dor, eu continuei encontrando forças na minha fé no pai e no meu propósito divino de salvar a humanidade. Eu sabia que a minha morte na cruz seria dolorosa, mas também sabia que era necessária para cumprir o plano divino de salvação a favor de vocês.

E assim, mesmo enfrentando a minha própria morte iminente, eu encontrei coragem e força para seguir em frente, confiando no amor do pai por mim e por toda a humanidade.

(Referências bíblicas: Mateus 26; Marcos 14)

AUTOJULGAMENTO, ANSIEDADE E DEPRESSÃO

(Osvaldo-autor): Falando sobre confiança, existe um tema delicado e importante: lidar com autojulgamento, ansiedade e depressão. Podemos falar um pouquinho sobre isso?

Jesus: Sim, com certeza!

(Osvaldo-autor): Muitas pessoas lutam com um sentimento horrível de autojulgamento, o que leva à ansiedade e à depressão. Como podemos superar essa autocrítica e encontrar paz interior?

Jesus: Agradeço pela pergunta. É uma realidade que muitos enfrentem esse desafio em suas vidas. A primeira coisa que quero dizer a todos é que vocês são amados incondicionalmente. Seus erros e falhas não determinam seu valor e sua identidade. Encontrem segurança no amor e na misericórdia. Aprendam a se perdoar. Quando vocês abraçam a graça (o favor imerecido que todos tem o direito), encontrarão a paz interior e a aceitação que tanto desejam.

(Osvaldo-autor): Diante de tantas dificuldades e incertezas, como podemos encontrar estabilidade emocional e confiança?

Jesus: Essa é uma pergunta importante. A estabilidade emocional e a confiança podem ser alcançadas quando vocês aprendem a cultivar um relacionamento íntimo com vocês mesmo. Se você não aprender a conviver com você então você terá dificuldades em conviver com outros, por isso eu disse que você deve amar o teu próximo assim como você ama a você mesmo. Um dos segredos que te ajudará será a oração e a meditação. Lembrem-se de que eu sou o mesmo ontem, hoje e para sempre, e que minha paz está disponível para vocês em todas as circunstâncias. (Referências bíblicas: Filipenses 4:6-7; Mateus 11:28-30; Salmo 55:22; 1 Pedro 5:7)

(Osvaldo-autor): É inspirador ouvir suas palavras de encorajamento. Muitas pessoas lutam para se libertar das amarras emocionais e encontrar um sentido de propósito. Como podemos ajudar aqueles que se sentem presos dentro de si mesmos?

Jesus: Para ajudar aqueles que se sentem presos dentro de si mesmos, é necessário agir com compaixão e empatia. Estendam a mão, ouçam e mostrem amor pois quem muito é amado muito ama. Ajudem-nos a identificar seus dons e talentos. Lembrem-nos de que cada pessoa é valiosa e tem um propósito único nesta vida.

(Osvaldo-autor): Suas respostas são um bálsamo para aqueles que buscam esperança.

Jesus: há algo que gostaria de compartilhar. Quero que todos saibam que vocês são amados incondicionalmente. Não importa o que tenham feito. A mensagem central é a importância de vocês viverem plenamente o momento presente, liberando-se das amarras do passado e das preocupações do futuro. Essa é uma lição essencial que também compartilhei durante minha vida na Terra.

(Osvaldo-autor): Com certeza, Jesus. Você poderia nos falar um pouco mais sobre como podemos aplicar esse ensinamento em nossas vidas diárias?

Jesus: Certamente. A chave está em reconhecer a importância do agora, do presente momento. Muitas vezes, ficamos presos em padrões de pensamento negativos, remoendo o passado ou preocupados com o futuro. Isso nos impede de experimentar a plenitude da vida. Ao praticar a consciência do momento presente, podemos nos libertar dessas armadilhas mentais. Por isso eu disse na Bíblia para vocês não se preocuparem com o dia de amanhã pois basta a cada dia o seu mal. Referências bíblicas: Mateus 6:34; Salmo 118:24; Provérbios 3:5-6)

(Osvaldo-autor): Como podemos fazer isso na prática, Jesus? Como podemos nos libertar desses padrões de pensamento negativos?

Jesus: É um processo contínuo de conscientização. Podemos começar por observar nossos pensamentos e emoções, sem julgamento. Quando nos pegarmos presos em preocupações passadas ou futuras, podemos trazer nossa atenção de volta ao presente, ao que está acontecendo aqui e agora. Podemos nos conectar com a realidade presente através da respiração consciente, da contemplação da natureza ou simplesmente do foco em nossas atividades diárias que englobam a prática dos nossos talentos.

(Osvaldo-autor): Essa prática de estar presente no agora pode ajudar aqueles que lutam com autojulgamento, ansiedade e depressão?

Jesus: Com certeza. Muitas vezes, esses estados emocionais negativos são alimentados por uma mente que está presa no passado ou preocupada com o futuro. Ao cultivar a presença no momento presente, começamos a nos libertar dessas amarras. Encontramos uma sensação de paz interior e aceitação, permitindo que a cura e a transformação ocorram em nossas vidas.

(Osvaldo-autor): Ainda falando sobre a importância do silêncio interior e da quietude da mente. Como você vê essa prática em relação ao despertar espiritual?

Jesus: O silêncio interior é essencial para o despertar espiritual. É nesse espaço de quietude que podemos nos conectar com nossa verdadeira essência, além dos ruídos da mente. Quando a mente está constantemente ocupada com pensamentos e preocupações, perdemos a conexão com o divino que habita dentro de nós. A prática da quietude nos permite acessar um lugar de calma e sabedoria interior, onde podemos nos reconectar com o fluxo da vida.

(Osvaldo-autor): Isso é muito interessante. Muitas pessoas enfrentam desafios em encontrar essa quietude interior. Você poderia compartilhar alguma orientação sobre como podemos cultivar o silêncio interior em nossas vidas diárias?

Jesus: Uma maneira de cultivar o silêncio interior é dedicar um tempo diário para a meditação ou a contemplação silenciosa. Reserve alguns minutos do seu dia para simplesmente estar presente, sem distrações, e permita que sua mente se acalme. Fique atento aos pensamentos que surgem, mas não se envolva com eles. Apenas observe e deixe-os passar. Com o tempo, você começará a experienciar um estado de paz interior mais profundo. Referências bíblicas: Lucas 5:16; Marcos 1:35)

(Osvaldo-autor): Muitas vezes, as pessoas enfrentam dificuldades em manter essa prática de silêncio interior em meio às demandas e distrações da vida cotidiana. Existe alguma dica que você possa nos dar para integrar essa prática no nosso dia a dia?

Jesus: Compreendo as dificuldades que podem surgir, mas é possível integrar o silêncio interior em todas as atividades da vida diária. Lembre-se de que a prática do silêncio não se limita apenas ao tempo dedicado à meditação. Você pode trazer essa consciência para suas interações, seus afazeres e até mesmo para suas pausas ao longo do dia. Ao fazer isso, você estará trazendo uma presença mais profunda para tudo o que faz, permitindo que o silêncio interior permeie todas as áreas da sua vida.

(Osvaldo-autor): Continuaremos a conversa para explorar mais sobre o despertar espiritual e a busca por uma vida plena. falando sobre como lidar com o autojulgamento e a autocrítica, como podemos transcender esses padrões negativos?

Jesus: O autojulgamento e a autocrítica são armadilhas comuns que podem nos manter presos em um ciclo de negatividade e sofrimento. Para transcender esses padrões, é essencial cultivar a compaixão por vocês mesmos como eu disse anteriormente. Isso envolve reconhecer vossa humanidade, com todas as vossas imperfeições, e aceitar que são seres em constante evolução.

(Osvaldo-autor): É reconfortante ouvir que a compaixão por nós mesmos é uma chave para superar o autojulgamento. Você pode nos fornecer alguma orientação prática sobre como podemos praticar essa compaixão em nossas vidas?

Jesus: A prática da autocompaixão começa com a aceitação de que vocês são seres que cometem erros, faz parte da vossa jornada humana. Quando se encontram julgando a vocês mesmos, podem trazer um olhar amoroso e gentil para esses pensamentos e emoções. Podem se perguntar: "Como podemos nos tratar com bondade e compreensão? O que você diria a um amigo que estivesse passando pela mesma situação?".

(Osvaldo-autor): Isso é muito poderoso, Jesus. O ato de tratar a nós mesmos com a mesma gentileza que tratamos os outros é uma mudança de perspectiva importante. Além disso, muitas pessoas lutam com a ansiedade e a depressão. Como podemos encontrar a paz interior e a alegria em meio a esses desafios emocionais?

Jesus: A ansiedade e a depressão são experiências dolorosas e desafiadoras, mas é possível encontrar a paz interior e a alegria mesmo diante delas. Uma abordagem útil é trazer a consciência para o momento presente, aceitando o que está surgindo em nós. Em vez de resistir ou se identificar com esses sentimentos, podemos observá-los como nuvens passageiras no céu do nosso ser. A arte e a conexão com a natureza também podem ser de grande ajuda nesse processo.

(Osvaldo-autor): Não somos nossos pensamentos, mas muitas vezes nos identificamos com eles Como podemos compreender essa distinção e não permitir que os pensamentos nos dominem?

Jesus: É fundamental compreendermos que vocês não são os vossos pensamentos, mas sim a consciência que os observa. Os pensamentos vêm e vão, surgem em nossa mente, mas não definem a vossa verdadeira essência. Ao identificar-vos excessivamente com os pensamentos, acabam perdendo a conexão com a vossa verdadeira natureza.

(Osvaldo-autor): Isso é fascinante. Mas como podemos nos libertar dessa identificação com os pensamentos e experimentar um estado de paz ?

Jesus: A chave para vocês se libertarem da identificação com os pensamentos é desenvolver a habilidade de observá-los sem julgamento. Podem se tornar testemunhas dos vossos pensamentos, como se estivéssem assistindo a nuvens passando no céu. Ao praticarem essa observação consciente, começam a perceber que os pensamentos vêm e vão, mas não precisam se apegar a eles ou acreditar em tudo o que eles vos dizem.

(Osvaldo-autor): Essa perspectiva de ser o observador dos pensamentos em vez de se envolver com eles é realmente transformadora. Mas como podemos aplicar isso em situações desafiadoras, quando os pensamentos negativos parecem dominar nossa mente?

Jesus: Em momentos desafiadores, quando os pensamentos negativos estão em evidência, é especialmente importante lembrarem de que eles não são quem vocês são. Podem se perguntar: "Quem é o observador desses pensamentos?". Essa reflexão vos ajuda a acessar vossa verdadeira natureza, além dos pensamentos. Também é útil lembrar que os pensamentos negativos são apenas produtos da mente condicionada, e não verdades absolutas. Ao observá-los com desapego, podem permitir que se dissolvam e dar espaço para uma nova perspectiva emergir.

(Osvaldo-autor): Essa prática de observar os pensamentos sem se identificar com eles certamente traz uma sensação de liberdade e paz interior. Jesus, tem alguma mensagem que você gostaria de compartilhar com nossos telespectadores?

Jesus: Gostaria de transmitir a mensagem de que vocês são seres poderosos e capazes de transcender a influência dos pensamentos negativos. Vocês têm o poder de escolher onde colocar sua atenção e como responder aos pensamentos que surgem em suas mentes. Quando estao plenamente presentes, tem a oportunidade de responder aos desafios e circunstâncias com clareza e sabedoria. É nesse estado de consciência que podem tomar decisões alinhadas com a verdade e agir de forma autêntica, em vez de reagir de maneira automática e condicionada.

A PRÁTICA DE CORRIGIR
E COLOCAR EM ORDEM PERFEITA

(Osvaldo-autor): Jesus, falando sobre colocar as coisas em ordem perfeito, que acreditamos que seja o seu natural, como um ser humano que nunca cometeu erros, qual é o forma de limpeza emocionais mais prática que podemos fazer. Como você vê essa prática em relação à nossa jornada espiritual?

Jesus: Essa prática é uma bela expressão do amor e da compaixão, fundamentais em vossa jornada espiritual. Ao repetir as palavras "sinto muito, me perdoa, eu te amo, sou grato", você está reconhecendo a responsabilidade por tudo o que ocorre em sua vida e expressando arrependimento, perdão, amor e gratidão. Repetir constantemente essas palavras é uma maneira poderosa de limpar as energias negativas que possam estar presentes em sua mente e coração, permitindo que a cura e a transformação ocorram. No livro de Mateus, capítulo 5, versículo 44, eu disse: "Amai os vossos inimigos, bendizei os que vos maldizem, fazei bem aos que vos odeiam e orai pelos que vos maltratam e vos perseguem."

(Osvaldo-autor): Então, essa prática nos ajuda a liberar o ressentimento e encontrar paz interior?

Jesus: Sim, exatamente. Quando praticam o "Sinto muito, me perdoe, eu te amo, sou grato", estão a reconhecer vossas próprias falhas e mágoas, pedindo perdão a vos mesmos e aos outros, expressando amor incondicional e gratidão por todas as experiências em vossas vidas. Ao fazer isso, estão liberando o ressentimento e permitindo que a cura e o amor fluam livremente. É uma prática de autotransformação e de conexão com o Divino. No livro de João, capítulo 13, versículo 34, eu disse: "Um novo mandamento vos dou: que vos ameis uns aos outros; assim como eu vos amei, que também vos ameis uns aos outros."

(Osvaldo-autor): E como podemos integrar essa prática em nossa rotina diária?

Jesus: A prática do sinto muito, me perdoa, eu te amo, sou grato, pode ser incorporada em sua rotina diária de maneira simples e sincera. Reserve alguns momentos diariamente para se conectar consigo mesmo, silenciando a mente e o coração. Repita em um estado de entrega e abertura, permitindo que ele penetre profundamente em sua consciência. À medida que você se familiariza com essa prática, sentirá sua energia transformadora e sua capacidade de trazer paz interior. Lembre-se de que o amor e o perdão são uma escolha consciente que você pode fazer a cada momento. No livro de Lucas, capítulo 17, versículo 21, eu disse: "Eis que o reino de Deus está entre vós."

(Osvaldo-autor): Jesus, eu entendo que é uma prática que nos leva a assumir total responsabilidade pelas experiências em nossa vida. Isso pode ser difícil, especialmente quando enfrentamos situações dolorosas ou desafiadoras. Como podemos encontrar força para aceitar essa responsabilidade?

Jesus: Compreendo as dificuldades que surgem ao assumir total responsabilidade por vossas vidas. É um processo de profunda transformação que requer coragem e confiança no poder do amor. Quando reconhecem que são co-criadores de vossa realidade, podem começar a vos libertar dos apegos ao passado e vos abrir para a cura interior. Essa pratica vos convida a reconhecer que tudo o que vocês veem e experienciam é um reflexo de vossa própria consciência. Portanto, ao limpar vossos pensamentos e emoções negativas com amor e gratidão, estarão permitindo que a luz divina vos guie para a cura e a libertação.

(Osvaldo-autor): Mas como podemos perdoar a nós mesmos e aos outros quando carregamos traumas profundos e feridas emocionais?

Jesus: O perdão é um caminho de cura e libertação. Ao praticar a repetição das palavras, você estão se abrindo para o perdão de si mesmo e dos outros. Reconheça que todos vocês são seres humanos imperfeitos, sujeitos a erros e equívocos. Cultive compaixão por si mesmo e pelos outros, reconhecendo que todos estão em sua própria jornada de aprendizado e crescimento espiritual. Libere o peso das feridas emocionais ao oferecer perdão a si mesmo e aos outros, compreendendo que esse ato de amor trará paz e cura para sua vida. No livro de Lucas, capítulo 6, versículo 37, eu disse: "Perdoai, e sereis perdoados."

(Osvaldo-autor): Como podemos aplicar essas palavras de limpeza em nossos relacionamentos e nas interações diárias com as pessoas ao nosso redor?

Jesus: Pode ser uma poderosa ferramenta para transformar nossos relacionamentos. Ao praticar a limpeza interna e oferecer amor e gratidão às pessoas com as quais interagem, estao criando um espaço de cura e harmonia. Quando vocês limpam o julgamentos e ressentimentos, são capazes de ver o melhor nas pessoas e de cultivar relacionamentos mais saudáveis e significativos. Reconheça a conexão divina entre todos os seres e veja cada interação como uma oportunidade de crescimento e aprendizado mútuo.

(Osvaldo-autor): Agradeço por suas palavras de sabedoria e orientação. Como podemos manter essa prática de forma consistente em nossas vidas?

Jesus: A prática consistente requer compromisso e disciplina. Reserve um tempo regularmente para se conectar com sua essência divina e praticar a limpeza interna. Seja intencional e consciente em suas palavras e pensamentos, trazendo amor, perdão e paz.

A IMPORTÂNCIA DE CONHECER A HISTÓRIA E AS EXPERIÊNCIAS DAS OUTRAS PESSOAS

(Osvaldo-autor): Jesus, falando sobre a importância de conhecer a história e as experiências das outras pessoas. Como podemos assumir a responsabilidade de conhecer e curar a história de outras pessoas?

Jesus: Compreender a história e as experiências das outras pessoas é um ato de compaixão e empatia. Quando vocês se abrem para ouvir e compreender as histórias de vida dos outros, estão cultivando um espaço de cura e transformação no mundo. É importante lembrar que todos têm uma jornada única e carregam suas próprias dores e traumas. Ao assumirmos a responsabilidade de conhecer essas histórias, podemos oferecer um suporte amoroso e genuíno.

Ao praticar a limpeza com as palavras, podemos nos conectar com a essência divina em nós e nas outras pessoas. Reconhecer que estão todos interligados e que vossas histórias estão entrelaçadas vos permite ser agentes de cura uns para os outros. Podemos oferecer compaixão, perdão e amor incondicional, auxiliando no processo de cura das dores emocionais e traumas que os outros possam ter enfrentado.

É importante respeitar os limites e a privacidade das pessoas, permitindo que elas compartilhem sua história no momento e no ritmo adequados para elas. Seja um ouvinte atento, livre de julgamentos, e esteja presente para oferecer suporte e encorajamento.

Lembre-se de que a cura não é algo que podemos impor às outras pessoas, mas sim uma jornada individual. Podemos ser um farol de amor e compaixão, oferecendo nosso apoio enquanto elas encontram seu próprio caminho de cura. No livro de Gálatas, capítulo 6, versículo 2, eu disse: "Levai as cargas uns dos outros e, assim, cumprireis a lei de Cristo."

(Osvaldo-autor): Através da limpeza com as palavras, podemos encontrar maneiras significativas de curar as histórias das pessoas ao nosso redor, trazendo compaixão e amor em nossas interações diárias?

Jesus: Sim, Osvaldo. A prática da limpeza das palavras nos leva a um nível mais profundo de conexão com os outros, permitindo-nos contribuir para sua cura e transformação. Lembre-se de que cada encontro com uma pessoa é uma oportunidade de cura mútua. Ao oferecer amor, compreensão e perdão, você estará abrindo espaço para que a cura ocorra não apenas em suas próprias vidas, mas também na vida daqueles que cruzam seu caminho.

Esteja presente, ouça atentamente e respeite a jornada de cura das outras pessoas. Às vezes, nossa simples presença e nosso amor incondicional são suficientes para trazer conforto e esperança. Permita que a energia das palavras guiem suas interações e saiba que você tem o poder de ser um agente de cura em seu círculo de influência.

(Osvaldo-autor): Jesus, agradeço profundamente por sua sabedoria e orientação. Vou aplicar esses ensinamentos em minha vida e me esforçar para ser um canal de cura.

QUEBRANDO O ORGULHO

(Osvaldo-autor): Abordando sobre a questão dos relacionamentos falhados devido ao orgulho. Poderia nos falar mais sobre como superar esse obstáculo e construir relacionamentos saudáveis?

Jesus: O orgulho pode ser um grande obstáculo para relacionamentos saudáveis e harmoniosos. Ele nos impede de reconhecer nossas próprias falhas, de pedir desculpas e de perdoar. Uma das principais lições que compartilhei é a prática da humildade. Ser humilde significa reconhecer quem você realmente é, admitindo suas qualidades ou suas imperfeições(sujeito a erros e equívocos). Ao deixar de lado o orgulho, podemos nos abrir para a vulnerabilidade, admitir nossas falhas e estar dispostos a aprender e crescer com elas. Ao cultivar o amor incondicional e a compaixão, podemos encontrar a motivação para superar o orgulho e buscar a reconciliação. Isso envolve a disposição de reconhecer nossos erros, pedir desculpas sinceras e perdoar aqueles que nos machucaram.

Colocar-se no lugar do outro e tentar compreender suas perspectivas e experiências nos ajuda a quebrar as barreiras do orgulho. Ao cultivar a empatia, voces podem criar um espaço de diálogo aberto e respeitoso, permitindo a cura e a reconciliação nos relacionamentos. Expressar nossos sentimentos e necessidades de maneira não defensiva e ouvir atentamente o outro é essencial para superar o orgulho e construir uma base sólida de confiança e compreensão mútua. Lembre-se de que superar o orgulho é um processo contínuo e exige autodisciplina e humildade. Requer coragem para enfrentar nossas próprias vulnerabilidades e disposição para deixar de lado a necessidade de estar sempre certo. Ao adotar uma postura de abertura e disposição para aprender, podem transformar relacionamentos falhados e cultivar conexões mais autênticas e profundas.

(Osvaldo-autor): Jesus, suas palavras são realmente poderosas. Através da humildade, da empatia e da comunicação sincera, podemos superar o orgulho e construir relacionamentos saudáveis e duradouros. Vamos levar esses ensinamentos em consideração em nossa própria jornada de cura e transformação.

Jesus: Fico feliz em saber que vocês estão dispostos a aplicar esses ensinamentos em vossas vidas. Leitores, Lembrem-se de que a jornada de cura e transformação requer tempo, paciência e autocompaixão. Esteja disposto a se perdoar e a aprender com suas próprias falhas. Outro ponto relevante é a importância de estabelecer limites saudáveis nos relacionamentos. Isso envolve a capacidade de comunicar nossas necessidades e expectativas de maneira clara e assertiva, ao mesmo tempo em que respeitamos os limites dos outros.

TUDO SOBRE A PREOCUPAÇÃO

(Osvaldo-autor): Estamos abrindo espaço para perguntas da plateia, então, por favor, compartilhem suas dúvidas e curiosidades. Quem gostaria de começar?

Plateia: *(levantando a mão)*

(Osvaldo-autor): Sim, por favor, diga-nos seu nome e faça sua pergunta.

Participante: Olá, meu nome é Maria. Gostaria de perguntar a Jesus por que tantas pessoas sofrem com preocupações em suas vidas. Qual é o propósito ou significado por trás de tanta preocupação? Por que nos preocupamos?

Jesus: A verdadeira razão das vossas preocupações está profundamente enraizada em vocês mesmos. Observe atentamente a sua preocupação, você verá que a preocupação, assim como qualquer tipo de sofrimento, não é um evento externo na sua vida. Na verdade, ela é a sua resposta a um evento. Se a situação vai causar preocupação ou não, depende inteiramente de como você vai escolher reagir àquela situação.

Suponha que o seu amigo consiga um excelente emprego. Há duas maneiras de se perceber a situação. Você pode pensar: "Ele tem um ótimo emprego". Ou você pode pensar: "Oh, meu Deus, ele tem um ótimo emprego! E eu? O que vou fazer? O que minha esposa vai dizer? Devo começar a procurar outro emprego? E se eu não conseguir? Por que nada nunca dá certo para mim?"

Você percebe como a preocupação entra na situação sem que você nem se dê conta? Afinal, não há nada doloroso no fato de seu amigo conseguir um excelente emprego. A preocupação simplesmente acontece quando você constantemente se compara com referências externas. Estou ganhando tanto quanto o vizinho? O meu chefe se impressiona comigo? O que as crianças vão pensar?

Por que essa necessidade de conseguir aprovação externa o tempo todo? A triste verdade é que vocês deixaram de confiar em vocês mesmos há muito tempo.

Quando são crianças, todos voces estamos centrados em vosso próprio ser. Você já viu uma criancinha preocupada com o que as pessoas pensarão dela? Mas, à medida que crescem, a sociedade incute o tempo inteiro essa idéia em vocês. Ela vos ensina a avaliarmos a vocês mesmos com base nas opiniões alheias - dos pais, dos professores, dos amigos, até de estranhos. Como resultado disso, começam a acreditar cada vez menos em vocês mesmos. Sem apoio externo, sem os "certificados" sociais para todas as vossas atitudes e convicções, temem que vosso ego se despedace a qualquer instante.

Quando você se preocupa com alguma coisa, sente que tem um ponto de referência definido para medir a si mesmo. É por isso que a preocupação dá um centro ao seu ser, uma direção à sua vida. Sem preocupação, você sente que seu ser não tem um eixo sobre o qual possa se mover! É exatamente por esse motivo que muitos de vocês estão apaixonados pelas vossas preocupações!

As pessoas vão em oração dizendo: "O meu negócio vai de mal à pior. Tive prejuízos enormes no mês passado, e sei que o mês que vem vai ser pior ainda". Então eu pergunto: "Se você consegue prever isto, por que você não fecha o negócio agora mesmo?". E eles respondem horrorizados: "O quê? O que eu vou fazer então?

Na verdade, o que eles querem dizer com isso é "Com o que eu vou me preocupar então?".

Sem uma razão para se preocupar, seu ego solta, ele perde a razão de existir. É por isso que você escolhe permanecer na dimensão da preocupação. Você não consegue se identificar com a dimensão oposta, já que para esta dimensão você não é ninguém. Para viver, você primeiramente tem que deixar o seu ego. Você está preparado para isso? NÃO. Você está preparado para assumir qualquer preocupação, mas você não consegue deixar o seu ego! Então você procura continuamente por razões para se preocupar. Em geral, você se preocupa até com o fato de todos ao seu redor estarem felizes, enquanto você não está. Mas o engraçado é que cada pessoa se sente do mesmo jeito. Como isso é possível?

(Osvaldo-autor): Obrigado pela sua pergunta. Vamos dar espaço para mais uma pergunta. Por favor, diga-nos seu nome e faça sua pergunta.

AS VOZES

Participante: Olá, meu nome é João. Gostaria de saber o que posso fazer para entender melhor as vozes internas que trazem preocupações em minha vida. Muitas vezes, sinto que essas vozes me sobrecarregam e gostaria de saber como lidar com elas.

Jesus: Vocês tem dado espaço a dois tipos de conversas, "conversa externa" e a "conversa interna". Falar com outras pessoas é o que, geralmente, chamamos de conversa. Mas o que dizer das conversas internas que acontecem o tempo todo dentro de nós? Essa conversa interna contínua descontrolada se apodera do seu ser sem a sua permissão, é o presente da mente, a fonte de todas as preocupações. Essa conversa interna se torna seu verdadeiro mestre. Na conversa interna, não há pausa, nem por um momento. É de certa forma, uma loucura. Conversar com os outros é apenas uma maneira de fugir do próprio ser, da própria conversa interna. É por isso que há tanta conversa acontecendo no mundo. Não é fácil entender o que quer dizer conversa interior. Faça essa experiência. Sente-se com os olhos fechados. Não se concentre em nenhum assunto. Depois de alguns instantes, você vai perceber que há um fluxo contínuo de pensamentos dentro da sua mente. Escreva honestamente, qualquer pensamento que apareça na sua mente. Faça isto por cinco minutos. Agora, sente-se e leia o que está escrito. Você vai ficar chocado com o que vai ler. Essa é uma amostra da sua conversa interior. De como são irrelevantes, contraditórios e sem sentido. Agora, você percebe o hospício que existe dentro de sua cabeça? Essa é a verdadeira natureza de sua mente, esse fluxo de pensamentos completamente descontrolado, essa expressão de insanidade. Foi a essa mente que você confiou a sua vida. Foi essa mente que inventou todas as suas preocupações. É essa mente que vive a sua vida por você. Simplesmente entenda isso, e você já terá dado um salto em direção à liberdade de suas preocupações.

DA PREOCUPAÇÃO
PARA A DEPRESSÃO

(Osvaldo-autor): Muito obrigado, João. Agora vamos dar a palavra a mais uma pessoa da plateia. Por favor, diga-nos seu nome e faça sua pergunta.

Participante: Olá, meu nome é Ana. Gostaria de entender como exatamente a preocupação pode se transformar em depressão. Parece que muitas vezes a preocupação constante acaba levando a um estado de tristeza e desânimo profundos. Como isso acontece e o que podemos fazer para evitar essa transição?

Jesus: A depressão nada mais é que o nome clínico da preocupação crônica. O que é preocupação crônica? A mente é um excelente sistema de arquivamento. Ela arquiva os seus padrões negativos de pensamento, seus complexos, suas preocupações. O que quer que você ensine à mente ela irá repetir fielmente. No nível físico, a preocupação imediatamente se manifesta como doenças do estômago (observe quantas vezes você precisa ir ao banheiro num dia de prova ou entrevista de emprego!) Isto é significativo, porque a preocupação está intimamente relacionada ao centro vital de energia localizado na região do umbigo. A energia que controla as funções da digestão e eliminação, fica travada por preocupações constantes.

Como vencer a preocupação? Até para entender a preocupação é necessário observar profundamente a natureza da mente. A entrada para a preocupação é através da mente e é só através dela que se consegue sair. Ao invés disso, insistimos em procurar pelas respostas nos lugares errados - em circunstâncias externas. Dizemos para nós mesmos: «Se eu tivesse dinheiro suficiente, não haveria nada com o que me preocupar, se eu fosse mais bonito, se, se, se...» Isto é completamente em vão. Então eu te digo: pensamento positivo contínuo. Fique alerta. Assim que perceber que um pensamento negativo está vindo à tona, comece a alimentar a sua mente com pensamentos positivos. Não é tarefa fácil, claro. No início, quando pronunciar palavras positivas, a sua mente (que foi tão bem treinada para responder negativamente) não vai aprender essas palavras facilmente. Um pequeno pedaço da sua mente vai reclamar: «Você acha que eu sou tolo de me deixar enganar por algumas palavras positivas?».
Mas, pouco a pouco, você vai conseguir alterar a qualidade da mente. É perfeitamente possível modificar sua programação

mental. Afinal, foi você quem a programou! Você sabe como fazer. Só tem que refazer de forma diferente, só isso. No momento em que perceber como é fácil criar ou destruir a preocupação com simples palavras, você vai perceber como tudo é.

(Osvaldo-autor): Obrigado, Ana. Agora vamos passar a palavra para mais um membro da plateia. Por favor, diga-nos seu nome e faça sua pergunta.

ABRAÇANDO A FELICIDADE

Participante: Olá, meu nome é Marta, Gostaria de saber como posso parar de me comparar constantemente com os outros e encontrar a verdadeira felicidade dentro de mim mesma. Parece que a comparação é uma armadilha que me impede de ser verdadeiramente feliz. O que posso fazer para superar isso?

Jesus: Pelo menos você percebeu que a comparação só traz infelicidade filha, já é um bom começo porém, quais são as palavras que você utiliza para se comparar com os outros? Lindo, Inteligente, Azarado, Jovem, Fraco e daí por diante. Agora, imagine-se em outro planeta, onde não exista ninguém além de você. Você será lindo ou feio? Alto ou baixo? Rico ou pobre? Sem ninguém com quem se comparar, essas palavras perdem o significado, pois são apenas conceitos criados pela mente, não têm existência real.

Experimente isto. Feche os olhos por alguns instantes. Imagine-se totalmente sozinho no mundo. Você se sente lindo ou feio por dentro? Sábio ou tolo? O que seriam todos esses conceitos? Só permanece o fato de que você existe, porque esta é a única verdade. Comparar a si mesmo com outra pessoa é uma tolice, porque você jamais poderá ser outra pessoa e ninguém poderá ser você. Olhe ao seu redor. Você conhece alguém que seja exatamente igual a você? Você não percebe como é especial? Como você pode se tornar algo que já é? Você está tão desconectado com seu ser interno que se esqueceu de como é extraordinário. Quando perceber isto, a necessidade de comparar desaparecerá naturalmente. Mesmo que queria comparar, verá que cada pessoa é tão diferente que é impossível achar um ponto de referência. Desta forma, abandone o hábito de comparar. Lembre-se você é único, assim como todo mundo.

(Osvaldo-autor): Obrigado, Marta, por sua pergunta e pela resposta inspiradora, Jesus. Agora vamos dar a palavra a mais um membro da plateia. Por favor, diga-nos seu nome e compartilhe sua pergunta.

O MEDO

Participante: Olá, meu nome é Pedro. Recentemente, conheci uma pessoa muito especial e sinto uma conexão genuína com ela. No entanto, tenho medo de me entregar completamente a esse relacionamento. Tenho medo de me machucar ou de enfrentar decepções. O que posso fazer para superar esse medo e me permitir viver essa nova experiência com confiança?

Jesus: Meu filho, Se preocupar com o que não ter com que se preocupar é o jogo mais sagaz da mente. A mente nunca deixa você relaxar no momento presente - ela fica obrigando você a pensar no passado e no futuro. Mas amar é esquecer tanto o passado quanto o futuro, entregar-se às maravilhas do presente. Examine as verdadeiras causas do seu medo. Algo simplesmente lindo está acontecendo com você. Tão lindo que você começa a achar que não fez nada para merecer e você começa a se preocupar com o momento em que tudo estiver terminado. Quando é que ela vai encontrar alguém mais bonito, mais talentoso mais rico? Como vou impedir isso? O que vai acontecer se ela for embora?

Mas não importa o quanto você se preocupe, existe alguma forma de impedir que isso aconteça? Você não possui a namorada. Você nem mesmo sabe quando ele pode mudar de idéia, você não entende nem mesmo as suas próprias idéias. Imaginar que você tem o controle da situação é uma completa tolice. Tentar prender demais um relacionamento é a maneira mais rápida de destruí-lo. Em última análise, todas as inseguranças surgem da falta de autoconfiança. No amor, você simplesmente tem que confiar em si mesmo.. Só então você consegue confiar no seu parceiro, e no seu relacionamento. Não há outro jeito. Logicamente, ninguém pode prometer que o relacionamento vai durar. Por que você quer que ele dure? Mudança é a natureza da vida. Aceite que o relacionamento está aqui hoje, e que ele é belo. Sim, ele pode não ser o mesmo amanhã. Isso não é um motivo mais que suficiente para desfrutar dele hoje? Haverá tempo suficiente para sentir dor quando ele terminar!

E a verdade é que, se você amar completamente, com todo o seu ser, não haverá sofrimento em terminar um relacionamento que não funciona mais. Ter medo de amar simplesmente porque pode ser que o relacionamento não dure é tão tolo quanto recusar-se a viver porque você tem certeza de que vai morrer um dia.

(Osvaldo-autor): Agradecemos sua participação, Pedro. Agora, vamos passar a palavra para mais um membro da plateia. Por favor, compartilhe seu nome e faça sua pergunta.

Participante: Olá, meu nome é Marcos. Primeiramente, gostaria de agradecer a Jesus e ao programa por esta oportunidade. Minha pergunta é a seguinte: mesmo me esforçando para ser uma pessoa melhor, ainda sinto um medo persistente de ser punido por meus erros passados.

Jesus: Nós nunca somos punidos por causa de erros passados filho. Na verdade, os próprios erros são a punição. Os erros carregam suas próprias punições. A verdade é que o conceito de punição futura é o que permite que as pessoas cometam os pecados. É confortável saber que se pode pecar agora e pagar depois, talvez só no dia do Juízo Final ou em outra vida. O fato é que pecado e punição sempre andam juntos. E eu não estou falando de roubo ou assassinato. Até mesmo comer demasiado é um pecado. Geralmente traz sua consequência após algum tempo. Quando você fica com raiva, com inveja ou forma vingativa, está cometendo uma violência contra seu ser. O seu estado interior é perturbado, sua paz é arruinada. Até mesmo alguns poucos minutos de raiva conseguem envenenar todo o seu organismo, e horas ou dias têm que passar para que você volte ao seu estado normal. Esse é o seu pecado, e o seu sofrimento.

A culpa é a forma maior e mais comum de punição que você pode aplicar a si mesmo. As pessoas geralmente pagam por pecados inteiramente perdoáveis, com anos de culpa desnecessária, assim como você está fazendo agora. A verdade é que, quando você abandona a culpa, também abandona o erro. Uma pessoa cometendo adultério pode estar tão perdidamente apaixonada que não tem nenhuma consciência do seu erro. Sem culpa, ela não é mais uma pecadora, apenas uma apaixonada. É isso que são os verdadeiros céu e inferno. Você não conseguirá encontrá-los num mapa do universo, eles só existem na sua mente. E a preocupação e culpa são a maneira mais fácil de se entrar no inferno. Se você aprendeu a lição, é hora de abandonar a culpa. Não faz sentido se preocupar com erros já cometidos, não há pecado maior que se recusar a deixar o passado ir embora.

(Osvaldo-autor): Agradecemos sua participação, Marcos. Agora, vamos passar a palavra para o último membro da plateia que vai fazer a pergunta final para terminarmos a primeira parte do nosso programa. Por favor, compartilhe seu nome e faça sua pergunta.

A SALVAÇÃO vs A INSEGURANÇA

Participante: Olá, meu nome é Rodrigues. Gostaria de agradecer a Jesus e ao programa por esta oportunidade. Minha pergunta é a seguinte: Estou indo na direção certa?

Jesus: Se você está indo em direção na direção certa e se preocupando com ela pode ter certeza de que não vai chegar nem perto. O problema de se concentrar demais no destino final é que você deixa de aproveitar as alegrias do caminho. Entregue-se ao momento presente, e o futuro se resolverá por si só.

A preocupação com a salvação é a última grande declaração. Não se deixe enganar por isto, está preocupação só está a te levar para longe do seu destino. A salvação só pode acontecer quando você está em um estado desprovido de ego, pronto para recebê-la. A salvação não é punição.

Uma conquista, não é algo que se alcança com ansiedade. Pelo contrário, quando você estiver pronto, estará nela, espontaneamente, de forma natural. Até lá, faça a melhor possível: seja feliz!

(Osvaldo-autor): Agradeço a todos os telespectadores que participaram do programa e fizeram perguntas valiosas a Jesus. Suas palavras sábias e amorosas trouxeram luz e inspiração a todos nós.

Chegamos agora ao final desta edição especial do programa, e antes de irmos para o intervalo, gostaria de agradecer a Jesus por compartilhar conosco sua sabedoria e amor incondicional.

Agora, é hora de um breve intervalo. Aproveitem esse momento para refletir sobre as palavras inspiradoras que ouvimos hoje. Em breve, estaremos de volta com mais conteúdo enriquecedor. Fiquem conosco e continuem a buscar a luz em suas vidas.

Até logo e até a próxima edição do nosso programa!

(Música suave no fundo)

(Osvaldo-autor): Bem-vindos de volta ao nosso programa especial, onde temos a honra de conversar com Jesus e mergulhar em seus ensinamentos profundos e transformadores. Antes de prosseguirmos com nossa conversa, Jesus nos pediu para compartilhar alguns testemunhos de pessoas reais que tiveram suas vidas transformadas por meio de sua mensagem de amor e compaixão. É inspirador ver como o poder de suas palavras pode tocar os corações e guiar as almas em direção à paz e ao propósito.

(Vídeo com testemunhos de pessoas começam a ser exibidos)

(Osvaldo-autor): Testemunhos como esses são uma poderosa evidência de que o ensinamento de Jesus transcende o tempo e as gerações. Suas palavras e seu exemplo continuam a impactar profundamente a vida daqueles que os encontram. São histórias de cura, renovação e transformação que nos lembram do imenso poder do amor e da fé.

Gostaríamos de compartilhar o poderoso testemunho de uma figura inspiradora que encontrou liberdade da autocondenação e da depressão, impactando a vida de milhares de pessoas ao redor do mundo. Estamos falando do renomado pastor Joseph.

O SEU TESTEMUNHO
SALVARÁ MUITOS

(Oradora do programa): "Queridos amigos, é uma honra estar aqui hoje para compartilhar com vocês o testemunho de transformação do pastor Joseph. Sua jornada é verdadeiramente inspiradora e tem impactado a vida de milhares de pessoas ao redor do mundo.

Joseph nasceu em uma família religiosa, onde o peso do legalismo e do autocondenamento eram constantes. Desde jovem, ele lutava com uma intensa autoexigência e um senso de não ser bom o suficiente. Sua busca pela perfeição levou-o a um ciclo interminável de culpa, vergonha e depressão. Foi durante um momento de desespero e dor que Joseph teve um encontro profundo com Jesus Cristo. Ele percebeu que a sua fé não se tratava de seguir regras e cumprir padrões, mas de experimentar o amor e a graça transformadora de Deus. Esse encontro pessoal com Jesus foi o ponto de virada em sua vida. À medida que mergulhava nas Escrituras, Joseph descobriu a verdade libertadora do evangelho de Jesus. Ele aprendeu que não havia mais condenação para aqueles que estão em Cristo Jesus e que a graça de Deus é suficiente para cobrir todas as suas falhas e fraquezas. Essa revelação revolucionou sua fé e o conduziu a uma nova compreensão do poder do amor incondicional de Deus.

Com uma paixão renovada, Joseph começou a compartilhar essa mensagem transformadora com outras pessoas. Ele se tornou um pastor dedicado, comprometido em levar esperança e cura às vidas daqueles que estavam presos na prisão do autocondenamento e da depressão. Seu ministério cresceu rapidamente à medida que mais e mais pessoas experimentavam a libertação e a alegria encontradas em um relacionamento íntimo com Jesus.

Hoje, o pastor Joseph é amplamente conhecido por seu ensino sobre a graça de Deus e sua mensagem de esperança. Seus livros e sermões têm alcançado milhões de pessoas em todo o mundo, ajudando-as a abraçar sua verdadeira identidade em Cristo e a viver uma vida cheia de paz, alegria e propósito.

JESUS vs APÓSTOLO PAULO (CONVERSANDO NO PROGRAMA)

(Osvaldo-autor): Certamente! Após a apresentação do testemunho do pastor Joseph, vamos dar as boas-vindas a um convidado especial que teve a incrível oportunidade de ser ensinado por Jesus de forma detalhada sobre como alcançar a graça e experimentar a transformação interior.

Esse convidado extraordinário trará suas perguntas únicas e profundas. Ele será nosso facilitador nessa jornada de descoberta e esclarecimento, fazendo perguntas para Jesus que irão nos ajudar a compreender mais plenamente a mensagem de Jesus e a aplicá-la em nossas próprias vidas.

"E agora, é com grande alegria e honra que damos as boas-vindas a um convidado muito especial, um homem cuja influência e sabedoria se estendem por séculos. Ele é reconhecido como um dos maiores apóstolos e líderes da fé cristã. Por favor, recebam de pé o Apóstolo Paulo!"

(Aplausos da plateia)

Paulo: "Caros amigos e amigas, é com profunda gratidão que recebo este convite para estar aqui hoje e ter a oportunidade de compartilhar meus conhecimentos e experiências com todos vocês. Agradeço imensamente por me permitirem estar presente neste programa especial, onde terei a chance de conversar com Jesus e, assim, esclarecer questões importantes aos telespectadores."

"Que este momento seja um tempo de aprendizado, reflexão e crescimento para todos nós. Que possamos nos abrir para a sabedoria divina e permitir que as respostas que receberemos hoje iluminem nossos caminhos e nos ajudem a encontrar a paz e a felicidade duradoura."

INTRODUÇÃO A VIDA DE PAULO

Jesus teve conversas especiais com Paulo, um homem que carregava consigo um passado marcado pelo zelo religioso extremo. O encontro de ambos foi o ponto de partida para uma revolução na história do cristianismo, que hoje, através deste programa, desejamos compartilhar com você algumas breves conversas fictícias de Jesus e Paulo.

Nas páginas que se seguem, mergulharemos nas profundezas da mensagem de Jesus e na jornada transformadora de Paulo, revelando a verdade essencial sobre a graça de Deus. Esta verdade, por vezes negligenciada ou mal compreendida, é o alicerce da espiritualidade e o poder que você precisa para despertar de um sono espiritual e encontrar descanso e esperança verdadeira.

Ao examinar a vida de Paulo, veremos como ele se destacava como um fervor oso seguidor das tradições religiosas judaicas, a ponto de apoiar até mesmo o assassinato em nome de um zelo errôneo pela religião(Atos 9:1-2).

Sua convicção era inabalável, até que um encontro sobrenatural com Jesus o confrontou com a verdade transformadora. Nesse momento crucial, Paulo descobriu que o amor de Deus não está enclausurado nas amarras de uma religiosidade vazia, mas é um convite para amar de forma genuína e compassiva. O evento registrado em Atos 9:4-6 é apenas um vislumbre da jornada de redescoberta que Paulo embarcou, deixando para trás seus próprios interesses e abraçando a mensagem de graça e misericórdia.

Convidamos você a acompanhar-nos nessa jornada de despertar, onde exploraremos a natureza da espiritualidade, especificamente do cristianismo autêntico em algumas conversas fictícias importantes, de modo a trazer ao leitor a livre análise crítica do conteúdo que usarei para a revelação da graça de Deus nos textos bíblicos. É importante informar que estes textos são baseados em factos história e teológicos, de modo a trazer uma descoberta aprofundada dos estudos do verdadeiro cristianismo. Descobriremos juntos como o amor incondicional de Jesus supera o zelo religioso e nos capacita a viver uma vida plena e significativa.

Está parte do programa é uma chamada para abrir os olhos, deixar para trás as máscaras religiosas e experimentar a verdadeira liberdade encontrada na graça de Deus. Que, ao explorar as páginas que se seguem, você seja encorajado, desafiado e inspirado a despertar para o pleno potencial e a abraçar o poder gracioso que somente Jesus pode oferecer. Que a jornada comece!

PAULO E O ESPÍRITO CHAMADO RELIGIÃO

(Osvaldo-autor): Paulo sabemos que você é uma figura histórica muito importante, pois os seus ensinamentos de Jesus tem sido uma grande arma de superação e defesa para muita gente contra os ataques de tudo que é mal. Podes nos explicar como foi que tudo começou?

Paulo: Sim claro! Eu Paulo em um certo dia estava refletindo sobre minha vida religiosa. De repente, comecei a ter uma conversa em minha mente com uma voz chamada Religião.

Paulo: *(em pensamento)* Desde criança, fui ensinado a seguir a religião de meus pais, a buscar a perfeição através da observância da lei e a me destacar como fariseu. A religião foi como um peso que eu carreguei durante todos esses anos.(Gálatas 1:13-14)

Voz da Religião: *(sussurrando)* Paulo, você fez tudo certo! Desde pequeno, você se candidatou às formações religiosas do nosso tempo, estudou as Escrituras e cumpriu diligentemente todas as regras e rituais. Você se tornou um fariseu exemplar, dedicado e zeloso.(Filipenses 3:5-6)

Paulo: *(com tristeza)* É verdade, mas o que isso realmente me trouxe? Um coração endurecido e uma falta de compaixão pelo próximo. Eu me tornei um perseguidor dos seguidores de Jesus, como se a religião me desviasse do verdadeiro amor e compaixão.

Voz da Religião: *(com orgulho)* Mas você estava defendendo a nossa fé, Paulo! Lutando contra os hereges e protegendo a pureza da nossa religião. Você assistiu à morte de Estêvão, o primeiro mártir cristão, e estava convencido de que estava fazendo a vontade de Deus.

Paulo: *(com pesar)* Sim, eu estava convencido disso, mas agora percebo como fui cego. A religião me afastou do verdadeiro significado da fé. Eu me tornei uma máquina de cumprir leis, mas negligenciei o mais importante: amar ao próximo como a mim mesmo. (Mateus 22:37-40)
(Enquanto eu Paulo continuava a caminhar, fui interrompido por uma voz familiar.)

A PRIMEIRA CONVERSA
DE JESUS E PAULO

Jesus disse para Paulo(que tinha o nome mais conhecido por Saulo): Saulo, Saulo, por que me persegues?

Paulo: *(assustado)* Quem és tu, Senhor?

Jesus: Eu sou Jesus, a quem você persegue. Levante-se e entre na cidade; lá lhe dirão o que você deve fazer. (Paulo cai de joelhos, tremendo diante da presença de Jesus.)

Paulo: Senhor, perdoa-me! Eu estava cego, perseguindo aqueles que seguiam o verdadeiro caminho. Eu entendi o quão errado estava.

Jesus: Levante-se, Saulo. Eu tenho um propósito para você. Você será meu instrumento, levando minha mensagem aos gentios, aos reis e ao povo de Israel.(Atos 9:3-9)

Paulo: *(cheio de gratidão depois de dias)* Eu te seguirei, Senhor. Onde quer que me envies, irei. Que a religião em meu coração seja substituída pelo amor verdadeiro, pela graça e pela compaixão.

(Paulo sente um fardo sendo retirado de seus ombros e um novo propósito tomando conta de seu coração. A partir desse momento, sua vida nunca mais será a mesma.)

A MINHA GRAÇA TE BASTA

Jesus disse a Paulo: "Paulo, por que você confia em suas próprias obras e busca a justificação através da lei? Minha graça te basta. Eu já fiz tudo por você. Você não precisa se esforçar para ser justificado pela sua própria justiça pois isso não será suficiente para remover o seu pecado. Deixa-me te explicar um pouquinho sobre a minha perfeita lei e o seu objetivo Paulo.

Paulo: Sim Senhor!

(Jesus no programa: Eu me lembro perfeitamente desse cenário/ risos)

(Continuação da história...) **Jesus:** Paulo, gostaria de compartilhar uma ilustração que ajudará você a entender o papel da lei e o poder do meu sangue gracioso. Imagine que você está diante de um espelho chamado lei, e o seu rosto está coberto por manchas de lama, representando o pecado.

Paulo: Compreendo, Senhor.

Jesus: O espelho lei é como um reflexo que mostra os defeitos que vocês não conseguem ver por conta própria. Ele revela a mancha do pecado em vossas vidas, evidenciando a vossa necessidade de serem limpos.

Paulo: eu escreverei agora mesmo Senhor:(Romanos 7:7) Portanto, que concluiremos? A Lei é pecado? De forma alguma! De fato, eu não teria como saber o que é pecado, a não ser por intermédio da Lei. Porquanto, na realidade, eu não haveria conhecido a cobiça, se primeiro a Lei não tivesse dito: "Não cobiçarás".

Jesus: A lei tem um propósito importante ao mostrar a todos o pecado em suas vidas. Ela revela a santidade e justiça que é requerida, mas, por si só, não pode limpar essa mancha. É como se o espelho mostrasse a mancha, mas não tivesse o poder de removê-la.

Paulo: Compreendo a metáfora, Senhor. A lei é essencial para nos conscientizar do pecado, mas não pode nos purificar e nos tornar justos diante de Deus. Ela apenas evidencia nossa necessidade de um Salvador.

Jesus: Exatamente, Paulo. O espelho da lei nos aponta para a realidade de que todos temos um problema chamado pecado. No entanto, a solução não está em tentarmos nos limpar usando o próprio espelho, pois isso é impossível. É necessário recorrer ao Cirurgião da alma, que sou Eu.

Paulo: Senhor, compreendo que apenas o Seu sangue gracioso pode nos limpar de toda a mancha do pecado. Quando reconhecemos a nossa condição pecaminosa e nos voltamos para você, você nos purifica e nos torna completamente limpos.

Jesus: Isso mesmo, Paulo. Sou eu, o Cirurgião da alma, que pode remover a mancha do pecado através do meu sacrifício na cruz. O meu sangue gracioso é capaz de limpar e purificar completamente aqueles que se arrependem e colocam a sua fé em mim.

Paulo: Senhor, que grande revelação! Compreendo que não devemos confiar na lei para nos purificar, mas sim correr a você, o único que pode verdadeiramente tirar a mancha do pecado. É somente pela Sua graça e misericórdia que podemos ser reconciliados com Deus.

Jesus: Sim, Paulo. Eu sou a resposta para o seu problema e o de todos. Quando você vê a mancha do pecado em sua vida e percebe que não pode ser removida pela sua própria força, pode correr para mim, o único que pode limpar completamente. Não há pagamento ou esforço humano que possa realizar o que meu sangue gracioso já fez.

Paulo: Senhor, sou eternamente grato por Sua graça e misericórdia. Que todos compreendam a verdade libertadora de que só através de você podemos encontrar purificação e redenção. Que a mensagem do Seu sangue gracioso seja proclamada a todas as nações.

Jesus: Amém, Paulo. Continuemos juntos nessa jornada, levando a mensagem da minha graça e do meu sacrifício redentor a todos que precisam ser lavados e purificados. Estou com você, capacitando-o e guiando-o a cada passo.

(Jesus no programa): Eu te amo Paulo, incondicionalmente e estava lá para te salvar.

(Paulo no programa): O meu amor você é a única fonte de vida que tenho Senhor, pois quem entende que muito é amado, muito ama. Assim como o Senhor disse ao líder religioso que criticou a mulher prostituta por se ajoelhar aos teus pés.

(Osvaldo-autor): Eu estou perplexo por tudo que estou vivenciando aqui. Eu gostaria de ouvir como foi a reação de Paulo na história que estava a ser narrada pois eu amei a expressão de amor que foi manifesta aqui.

(Continuando a história) Paulo ficou surpreso e percebeu que suas obras e sua obediência à lei(esforço próprio) não podiam trazer-lhe salvação. Ele entendeu que a justiça de

Deus só poderia ser alcançada pela fé em Jesus. Ele aprendeu que a graça de Deus é um presente gratuito, oferecido a todos, independentemente de suas realizações ou falhas.

Jesus disse a Paulo: "Não é através da lei(do esforço próprio) que você será justificado, mas sim pela fé em mim. Eu já paguei o preço por todos os seus pecados na cruz. Receba a minha graça e deixe-me transformar sua vida. Não tente se justificar pela lei, pois ela só traz condenação. Confie em mim e na minha obra redentora." (Romanos 3:20-24)

Paulo, então, entendeu que a lei não era mais uma carga pesada para ele, mas sim um espelho que revelava sua necessidade de salvação. Ele compreendeu que a graça de Deus o libertava do jugo da lei e lhe oferecia um amor e uma justificação incondicionais.

A partir desse momento, Paulo se rendeu totalmente à graça de Deus. Ele deixou de confiar em suas próprias obras e se entregou ao amor de Jesus. Ele experimentou o poder transformador da graça e começou a viver uma vida baseada no amor e na compaixão divina.

Portanto, meu amigo, ouça a voz de Jesus. Ele está aqui, pronto para oferecer a você a mesma graça maravilhosa que ofereceu a Paulo. Deixe de lado a tentativa de se justificar pela sua própria justiça e abrace a graça de Deus. Ele já fez tudo por você. Sinta-se amado, perdoado e transformado pelo amor incondicional de Jesus.

João 1:12: "Mas a todos que o receberam, aos que creram em seu nome, deu-lhes o direito de se tornarem filhos de Deus." Portanto, a frase "Receba-a" refere-se à recepção da graça de Jesus por meio da fé nele.

OLHANDO NO LIVRO DE GALATAS

(Jesus no programa): Telespectadores(leitores), quero compartilhar com vocês algumas passagens da minha Palavra que revelam a minha graça e o propósito da minha vinda. Em João 3:16, está escrito: "Porque Deus amou o mundo de tal maneira que deu o seu Filho unigênito, para que todo aquele que nele crê não pereça, mas tenha a vida eterna".

(Paulo no programa): Senhor, essas palavras são profundas e revelam o imenso amor e a graça que Tu tens por nós. Mesmo não merecendo, Tu ofereces a vida eterna àqueles que creem em Ti. É uma verdade que eu mesmo experimentei quando fui transformado pelo Teu amor.

(Jesus no programa): Sim, Paulo, a minha graça é um presente oferecido a todos. Em Efésios 2:8-9, está escrito: "Porque pela graça sois salvos, por meio da fé, e isto não vem de vós, é dom de Deus; não vem das obras, para que ninguém se glorie".

(Paulo no programa): Essas palavras são libertadoras, Senhor. Eu costumava confiar nas minhas próprias obras e na minha obediência à lei, mas agora compreendo que a salvação é unicamente pela Tua graça. É um presente que não pode ser conquistado, mas apenas recebido pela fé.

(Jesus no programa): Exatamente, Paulo. Minha graça é suficiente para te salvar e te transformar. Em 2 Coríntios 12:9, eu disse a você: "A minha graça te basta, porque o poder se aperfeiçoa na fraqueza".

(Paulo no programa): Lembro-me dessas palaveras, Senhor. Elas me trouxeram consolo e força durante momentos de fraqueza e dificuldade. A Tua graça supre todas as minhas necessidades e me capacita a enfrentar qualquer desafio.

(Jesus no programa): Também é importante lembrar, Paulo, que a minha graça não é uma licença para viver no pecado, mas sim um chamado para viver em santidade. Em Romanos 6:14, está escrito: "Pois o pecado não terá domínio sobre vós, porquanto não estais debaixo da lei(da justiça própria), mas debaixo da graça".

(Paulo no programa): Compreendo, Senhor. A Tua graça não apenas me perdoa, mas também me capacita a viver uma vida transformada. Ela me liberta do poder do pecado e me conduz a uma vida de obediência e retidão diante de Ti.

 OSVALDO SEBASTIÃO

(Jesus no programa): Isso mesmo, Paulo. Minha graça é poderosa e transformadora. Quando vocês confiam em Mim e aceitam a minha graça, sou capaz de moldar o caráter e vos capacitar a viver de acordo com a minha vontade.

(Jesus no programa): Paulo, estou feliz que você tenha se rendido à minha graça e tenha experimentado o poder transformador dela. Agora, gostaria de falar com vocês sobre a importância de viver em liberdade em meio à lei.

(Paulo no programa): Senhor, depois de entender o verdadeiro significado da Tua graça, percebi que a lei(o esforço próprio) não pode justificar ninguém diante de Ti. Ela apenas revela a nossa necessidade de salvação.

(Jesus no programa): Exatamente, Paulo. A lei(os preceitos que exigem retidão por esforço) foi dada para mostrar aos seres humanos o caminho da justiça, mas ninguém é capaz de cumpri-la perfeitamente. Por isso, eu vim para oferecer a graça e a liberdade da condenação da lei.

(Paulo no programa): Senhor, no livro de Gálatas, escrevi sobre a importância de não voltarmos a nos submeter às obrigações da lei, especialmente a circuncisão(ato de cortar o podar o órgão genital masculino segundo a obrigação da lei). Muitos têm ensinado aos Gálatas que é necessário cumprir os rituais e tradições da lei para serem justificados diante de Ti.

(Jesus no programa): Paulo, você falou a verdade. Eu quero que todos entendam que a justificação vem somente pela fé em mim e não por obras da lei. No capítulo 2 de Gálatas, você descreve como confrontou Pedro sobre essa questão.

(Paulo no programa): Sim, Senhor. Eu testemunhei diante de Pedro e dos outros, afirmando que não somos justificados pelas obras da lei, mas pela fé em Ti. A lei não pode nos salvar, apenas a Tua graça pode.

(Jesus no programa): Você fez um trabalho importante ao escrever aos Gálatas, Paulo. Eles estavam sendo enganados e se afastando da verdadeira liberdade que ofereço. No capítulo 5, você enfatiza a importância de permanecer firmes nessa liberdade.

(Paulo no programa): Sim, Senhor. Exortei os Gálatas a não se submeterem novamente ao jugo da escravidão da lei, mas a viverem pelo Espírito, que é fruto da Tua graça. A liberdade que Tu ofereces nos capacita a amar e servir uns aos outros.

(Jesus no programa): Essa é a essência da minha mensagem, Paulo. A graça que eu concedo traz liberdade para viver em amor e em comunhão comigo e com os outros. É através dessa liberdade que somos verdadeiramente transformados.

(Osvaldo-autor): Senhor Jesus e irmão Paulo, eu estou completamente apaixonado por estes ensinamentos que estão a ser transmitidos aqui para nós, que essas palavras sejam escritas em nossos corações. Que os telespectadores(leitores) compreendam que não é por meio da lei que são justificados, mas somente pela Tua graça, através da fé em Ti.

Jesus: Amém. Continua a compartilhar essa mensagem da minha graça e liberdade para que mais pessoas possam experimentar o poder transformador que Eu ofereço.

(Jesus no programa): Paulo mencionou um episódio importante envolvendo Pedro e sua postura hipócrita em relação aos irmãos gentios(pessoas estrangeiras). Gostaria que você explorasse mais esse assunto.

(Paulo no programa): Certamente, Senhor. No livro de Gálatas, no capítulo 2, descrevi como Pedro agiu de maneira contraditória ao comer livremente com os irmãos gentios até que alguns irmãos de Jerusalém chegaram. Quando eles chegaram, ele se afastou dos gentios, com medo do que os outros judeus pensariam.

(Jesus no programa): Isso realmente ilustra a hipocrisia e a falta de consistência na prática da fé. Pedro estava agindo com base no medo e nas pressões externas, em vez de permanecer firme na verdadeira liberdade que Eu ofereço.

(Paulo no programa): Exatamente, Senhor. Essa atitude de Pedro contradizia a mensagem da graça e da liberdade em Ti.

Eu o repreendi abertamente por sua hipocrisia, confrontando-
-o diante de todos. No versículo 14, escrevi: "Mas, quando
vi que não andavam bem e direitamente conforme a verdade
do evangelho, disse a Pedro na presença de todos: Se tu, sendo judeu, vives como os gentios, e não como judeu, por que
obrigas os gentios a viverem como judeus?".

(**Jesus no programa**): Suas palavras foram firmes e necessá-
rias, Paulo. Você mostrou a importância de vivermos de acordo com a verdade do evangelho, em vez de nos submetermos
a pressões culturais ou tradições humanas. A graça que ofereço é para todos os povos, sem distinção.

(**Paulo no programa**): Sim, Senhor. No capítulo 3 de Gálatas,
também enfatizei que não há distinção entre judeus e gentios
na Tua graça. Todos são justificados pela fé em Ti, e não por
meio da observância da lei. No versículo 28, escrevi: "Não há
judeu nem grego; não há servo nem livre; não há macho nem
fêmea; porque todos vós sois um em Cristo Jesus".

(**Jesus no programa**): Essa é uma verdade poderosa, Paulo.
Em mim, não há divisões ou discriminações. Todos são cha-
mados a viver em liberdade e comunhão uns com os outros,
independentemente de suas origens ou status social. Essa é a
essência da minha graça.

(**Paulo no programa**): Sim, Senhor. O episódio com Pedro
serviu como um lembrete de que não devemos voltar à

escravidão da lei e das tradições, mas permanecer firmes na liberdade da Tua graça. A hipocrisia não tem lugar no reino de Deus.

(Jesus no programa): Continue a compartilhar essa mensagem, Paulo. Mostre aos outros que a verdadeira liberdade está em mim e não nas obrigações legais ou nas opiniões dos homens. Minha graça é suficiente para todos.

(Osvaldo-autor): Certamente, continuemos a nossa conversa. Isso está a ser incrível!

(Paulo no programa): a hipocrisia de Pedro foi um exemplo poderoso do quanto podemos ser influenciados pelas opiniões e expectativas dos outros, mesmo quando conhecemos a verdade. Fico grato por ter tido a oportunidade de confrontá-lo e relembrar a importância de vivermos em liberdade na Tua graça.

(Jesus no programa): Sim, Paulo, a hipocrisia pode se infiltrar sutilmente em nossas vidas e comprometer a sinceridade de nossa fé. Pedro, mesmo sendo um dos meus discípulos mais próximos, cedeu à pressão social e esqueceu-se dos princípios fundamentais do evangelho.

(Paulo no programa): É verdade, Senhor. Mas ao confrontá-lo, desejei deixar claro que nossa justificação não depende de nossas obras, mas sim da fé em Ti. No capítulo 2 de Gálatas, nos versículos 15 e 16, eu escrevi: "Nós, judeus por natureza e não pecadores dentre os gentios, sabendo, contudo, que o homem não é justificado por obras da lei, mas sim pela fé em Jesus Cristo, também temos crido em Cristo Jesus para sermos justificados pela fé em Cristo e não por obras da lei, pois por obras da lei nenhuma carne será justificada".

(Jesus no programa): Suas palavras são sábias, Paulo. A justificação vem através da fé em mim e não pelas obras da lei. A lei, embora tenha sido dada como um guia para o povo de Israel, não pode salvar ninguém. Somente pela fé em mim é que as pessoas são verdadeiramente justificadas diante de Deus.

(Paulo no programa): Sim, Senhor. E essa mensagem da justificação pela fé é de extrema importância para que todos compreendam que não há distinção entre judeus e gentios. No capítulo 3 de Gálatas, nos versículos 26 e 27, escrevi: "Pois todos sois filhos de Deus pela fé em Cristo Jesus. Porque todos quantos fostes batizados em Cristo vos revestistes de Cristo".

(Jesus no programa): Amém, Paulo! Essa é a beleza da minha graça e redenção. Quando as pessoas colocam sua fé em mim e são batizadas, elas são unidas comigo e se tornam filhos de Deus. Não importa a origem, a raça ou o status social, todos são igualmente amados e acolhidos na minha família.

(Paulo no programa): Senhor, é meu desejo compartilhar essa mensagem de liberdade em Ti e da igualdade que encontramos na Tua graça. Que as pessoas possam compreender que a lei não é um fardo que precisam carregar, mas que a salvação é um presente gratuito que vem através da fé em Ti.

(Jesus no programa): Continue a falar com ousadia e coragem, Paulo. Seu testemunho e ensinamentos têm alcançado muitas pessoas e transformado vidas. A mensagem da minha graça é poderosa e precisa ser proclamada a todos os povos. Estou ao seu lado, fortalecendo-o e guiando-o.

(Paulo no programa): Obrigado, Senhor. Sou grato por essa oportunidade de compartilhar o evangelho principalmente aqui perante esse público maravilhoso que está a ser ricamente abençoado.

(Jesus no programa): À medida que vocês vão avançando em suas jornadas, enfrentarão desafios e oposições, mas saiba que estou sempre ao vosso lado, capacitando-vos e sustentando-vos.

(Paulo no programa): Senhor, diante das adversidades e resistências, o exemplo de Pedro e a minha própria experiência me mostraram a importância de permanecer firme na verdade do evangelho. No capítulo 5 de Gálatas, nos versículos 1 e 2, escrevi: "Para a liberdade foi que Cristo nos libertou. Permanecei, pois, firmes e não vos submetais, de novo, a jugo de escravidão. Eis que eu, Paulo, vos digo que, se vos deixardes circuncidar, Cristo de nada vos aproveitará".

(**Jesus no programa**): Paulo, você destacou um ponto crucial. A minha obra na cruz foi para libertar as pessoas da escravidão do pecado e das obrigações legais da lei. Não permita que as pressões externas ou as tradições humanas afastem as pessoas da minha graça.

(**Paulo no programa**): Compreendo, Senhor. A liberdade que encontramos em Ti não deve ser comprometida pelas exigências da lei. No versículo 4, continuo a dizer: "De Cristo vos desligastes, vós que procurais justificar-vos na lei; da graça decaístes". É fundamental lembrar às pessoas que a graça é o caminho da salvação, e não a observância estrita da lei.

(**Jesus no programa**): Sim, Paulo. A graça é o dom gratuito que ofereço a todos, independentemente de sua origem ou histórico. É pela fé em mim que as pessoas são salvas. No versículo 6, você escreveu: "Porque em Jesus Cristo nem circuncisão nem incircuncisão vale coisa alguma; mas a fé que opera pelo amor".

(**Paulo no programa**): Exatamente, Senhor. A fé genuína em Ti é o que realmente importa, não os rituais externos ou as distinções culturais. É o amor que flui dessa fé que nos leva a viver uma vida de obediência e servidão aos outros.

(Jesus no programa): Paulo, agradeço por lembrar as pessoas da essência do evangelho e da importância de viver na liberdade da minha graça, proclamando a mensagem da salvação e desafiando a hipocrisia e a legalismo.

(Paulo no programa): Sim. Que as pessoas compreendam que a salvação não é alcançada por meio das obras, mas é um presente que recebemos pela fé em Ti.

(Jesus no programa): Estou orgulhoso de você, meu servo fiel.

Paulo: Agradeço, Senhor, pela Tua presença constante e pelo privilégio de servir a Ti. Com gratidão.

AGRADECEMOS FINAIS

(Osvaldo-autor): "Queridos telespectadores, chegamos ao fim deste programa inspirador e transformador, onde tivemos o privilégio de receber Jesus Cristo e o Apóstolo Paulo para compartilhar conosco suas palavras de sabedoria e amor. Foi uma experiência enriquecedora que certamente tocou nossos corações e mentes."

(Osvaldo-autor): "Gostaríamos de agradecer a todos vocês, queridos espectadores, por estarem conosco nesta jornada de conhecimento e autotransformação. Seus questionamentos e participação foram fundamentais para tornar este programa especial e relevante."

(Osvaldo-autor): "Agradecemos profundamente a presença de Jesus, cujas palavras iluminaram nossos caminhos e nos proporcionaram uma compreensão mais profunda sobre diversos aspectos da vida e da espiritualidade. Sua graça e amor incondicional permearam cada resposta e tocou nossos corações."

(Osvaldo-autor): Também gostaríamos de expressar nossa gratidão ao Apóstolo Paulo, cujo testemunho e ensinamentos foram inspiradores e esclarecedores. Sua dedicação em compartilhar o Evangelho e sua sabedoria têm sido uma bênção para inúmeras pessoas ao redor do mundo."

(Osvaldo-autor): A todos os telespectadores, acreditamos que este programa tenha trazido reflexões profundas e incentivado o despertar espiritual em cada um de vocês. Que as palavras de Jesus e do Apóstolo Paulo continuem a ecoar em seus corações, guiando-os em suas jornadas pessoais."

(Osvaldo-autor): "Por fim, queremos assegurar a vocês que em breve estaremos de volta com mais episódios e mais oportunidades para aprofundarmos nossas conversas com Jesus e outros convidados especiais. Continuem sintonizados e compartilhem conosco suas perguntas e comentários."

(Osvaldo-autor): "Agradecemos a todos pelo apoio e pelo carinho demonstrados ao longo deste programa. Que a paz, a sabedoria e o amor de Jesus estejam com cada um de vocês, guiando-os em suas vidas diárias.

Até a próxima! Que Deus os abençoe!"

IMPRESSO EM LISBOA, PORTUGAL, POR:

ATLÂNTICO PRINT